DIARIO DE UN POETA
DE DELIRIOS

DIARIO DE UN POETA DE DELIRIOS

X. Prado – Antúnez

Colección Generación del Vértice, 217

DIARIO DE UN POETA DE DELIRIOS

© De los poemas
JOSÉ MANUEL PRADO ANTÚNEZ

© De la edición
CELYA EDITORIAL
Apdo. Postal 1.002 – Toledo (45080)
www.editorialcelya.com
Tfno.: 639 542 794

1ª edición: Junio, 2024

ISBN: 978-84-19933-05-8
D.L.: TO 147-2024

Imprime CELYA

A Inma, que barre la nieve

Quien durante toda su vida no ame el vino,
el sexo y la música, es un estúpido.

LUTERO

Da doble luz a tu verso, para leído de frente
y al sesgo.

A. MACHADO

¿Dónde está la memoria de los días
que fueron tuyos en la tierra, y tejieron
dicha y dolor y fueron para ti el universo?
El río numerable de los años
los ha perdido; eres una palabra en un índice.

JORGE LUIS BORGES

Lo que eres me distrae
de lo que dices.

PEDRO SALINAS

ALQUIMIA DE ABISMOS

RITUALES DE AZUFRE

De mis venas: un loco destila
—a su cárcel de azufre, el desorden vital—
a la reina de Fobia, con ceniza la rima.

El deterioro que me bordó la ausencia,
trama un rito de damas en almenas,
la ceguera lo nutre de galeras.

Vive de bellas, frágiles doncellas,
que exprime y obra liturgia marginal
al reflejo de nieve, de grosellas.

Se hospedó en el legado de la lápida,
misterio de satánica guarida,
epitafio de pétrea demencia.

Desnuda, desdichado, la violencia:
tierra de abusos, duelo y displicencia
que el río tronará en su quietud silente.

Mar de la Gracia, zarpé hacia el jueves:
tramó mi arraigo expiantes singladuras,
nos hunde, en llamaradas, mitad sanguinarias.

El loco audaz me implora en oratorio,
contempla desde el catre, visionario
—ciudad ermita, amparo y subterfugio
entre olivares— que deseo y aspiro
a la farsa brutal del exilio feliz.

Maldita zorra, al río se desangra
de calmo frío: fluye de su delta.
Retuerce al olvido, a la muerte, al amor
en su árbol loco de hojas recias,
que pueblan la avidez de cada siesta,
en brega ante sus besos fermentados.

Hasta tus mimos dudan del olvido.

BAILARINAS DE CRISTAL

¿Dónde mis amigas? Mis amigos
mediocres, tan fantoches, ya mendigos.
Mis amigas, al pétalo adictas,
paridas, acarrean velorios, vestidas
del néctar que destilan, bien servidas.

Olvidaron saber del holgado crepúsculo
que escriben con lombrices sin escrúpulos.

En la escena, obligadas a adioses,
furiosos sus discursos, se devoran,
se iluminan, las unas y la otra, de bronce:
en el lienzo, florece el amante, al que lloran,
aguacero de pasiones, todas miopes.

¿Dónde mis amigas?
Brujas de mate, intrigas compartidas,
lobas volátiles de calderilla
que preciso de noche y sin astilla:
estatuas de milonga que claudican
a plásticas miradas exclusivas
claman por burlar pesadillas: se alivian.

Un camino de perros recorrí
el alma y mis entrañas piruetas al aire:
vivo en desastres, hastiado de risas,
doné la noche, prístino el clamor.

¿Dónde van mis amigas? Lloré en ellas
el baile que se burla de la luna
de costado, eructé pasajeras estrellas.
A luchar, a luchar, felices van,
con sus hijas, restauran su coleta.
No se quedan en casa, a su posguerra,
sonámbulas la agitan con rauda entereza,
salpican de cellisca, su ambiguo fulgor:
mis amigas, amantes, por sendas de vidrio
conducen a sus hijas de la mano, en añadido,
y alcanzan el irracional siglo imaginario:
adictas decapitan a conejos por alivio
con su afilado puñal de apetito voraz.

Sin importarles, las maldigan o bendigan
desfilan, la mirada al frente, no se viran,
avanzan donde el diablo ríe, brindan, gritan.

Viajeras entre sueños, ingrávido equipaje,
repletas de palabras, etéreo bagaje.

ESPUTOS Y LÁGRIMAS

Laberinto vasco, laberinto vasco
Euskadi sigue rodando y rodando
Cayéndose por el barranco
A la mierda, a la mierda, a la mierda el país vasco
A la mierda, a la mierda, a la mierda va

ESKORBUTO

Querido: es noche y la indolencia mana,
cercó al bullicio, o bien lo exalta.
Se alzó, o murmura al alba venidera.

Con mansa cobardía eludo, previo,
fisgar con ultraje el inútil desdén.
Hombre encubierto, silente, sin juicio,
siniestro y malévolo, lame un milenio
de insulsos revólveres necios
que yergue de noche, tan pérfidos,
burlones: lame su perpetuo oprobio.

La herida, sal y sangre, siempre hendida.

Flor de sangre, testículos henchidos,
quimeras purulentas, la muerte analfabeta.
Abyecto criminal, malsana atrocidad,
administras el odio, cruda hiena:
siempre asedias con pánicos designios.

Del reino de ríos teñidos de sangre,
los ojos ciegos, cada boca delate.

Asesino alabado, sutilmente declara
la sangre no le afecta, no le causa drama,
diluye su íntima vergüenza amarga,
con Dios la enmascara, aclara,
sí, banderas, himnos, más proclamas.

Este país de nucas rasuradas,
fetal aguarda el tiro por la espalda
a aquel que eleva el corazón, y reta.

Queridos: alcanzáis con decadencia
vuestro mañana inútil,
avanzaréis fulleros y sombríos
a vencerme e imponerme
vuestro sanguinolento humor marchito,
envuelto en pesadas y cruentas cadenas
de tango y farsa: arrojáis la vacía
palabra a la cara de quien la reprueba.
Un mundo de mandíbulas de lobo
que muerden la inocencia que atesoro.

Seré ese Catulo ingenioso:
os clavo bien ufano el Carmina dieciséis
en vuestra extraña e inerte faz.

No deseo esperar a que suceda,
os empujo pausado a vuestro omega:

esta corona de espinas y angustias
la sangre derrame, de radio y novela,
en la acera de esputos y lágrimas.

Si nunca llega el día, todo insípido.

JUEVES DE NIEVES

Nieva, es jueves, ni decir el qué sucede:
aquí, ciudad ignota, te otorgan sacrificio.
La sangre mustia, impura, se ennegrece,
en las amables flores, absorbida.

El alma amarillenta, no retoña,
y de tanto alcohol se desborda,
deambula en silencio a la derrota.

Extraigo astuto el golpe del martillo,
no retengo de santo la aureola.
Mordí dolido al niño de vida elemental:
si la viera, la bici en salmuera,
en mí naciera envidia celestial
y a la mano el martillo volviera,
de sangre la sien se cubriera.

Mordisqueé en tu amor, de compañía,
los líricos lirios que emergen nupciales.
Siempre en jueves, vulgares e incesantes:
estuve allí, nadando en sangre fluida en ley.

Puto jueves suicida, aborrecido,
ni la vejez consintió a su delicia.

El corazón me late cosas raras.

EL RAYO A VERSOS

Siempre el rayo que al verso lo encañona:
una bala que silba calva al alba
la amarga nana, lágrima en cebolla.

Los puntos cardinales los esboza
al viento la veleta que retoza.
El bosque, luna rota, y aguardentosa
la noche, nos exilia y nos devora.

La condición de luz la lucirá
si la espuma de mar le cegara,
el hombre con sus versos de acrobacia
y si bromea, viaja sin mortaja.

La llovizna completa a la morfina.
Un suicida obsoleto de consignas
amortigua la bala
del verso y al rayo: nunca acaba.

Si lo sé, recité o recitaré,
los tristes nombres de los condenados,
los pétreos nombres de los rematados,
de mi boca, aherrojados, por la borda.

Pantomima perversa de las lápidas:
del azar, la ruptura deicida
expectante aguardé, arrodillado,
cual torero recibo la cornada,
risueño, halagando

la sangre, en arropado galanteo:
de mi carne, la tuya, alojamiento.

La guerra herrumbra al sable,
exige perdón a la sangre,
perdón que suena a lastre,
no incendió la ciudad, manó catástrofe.

Entre incendios de olivos se diluye
el niño aquel que nunca puedo ser,
lo absolvió conveniente servidumbre:
en el día que ves, lo afrontaré.

ARITMÉTICA DE PAPEL

Cae la estrella, cual el jamelgo, cola en fuga.
Del vientre del corcel, el misterio se dibuja
selecto: porto en mano, daga larga y bien erguida,
me seda su estampa de noche aritmética.

Impío y vil, incito al joven rey corcel,
con palabras profanas, y lo ánimo cruel:
sueña, vacía tu esencia, a la luna sin rito,
refugio solitario del páramo infinito.

Vacío el cielo ausente de tu nombre:
ni lo gocé, ni lo doné al hombre.
Acaece inquietud, intangible hecatombe:
la armadura del potro resuena en penumbra,
sin demoras en la espera taciturna.

¡Despierta caballito de cartón
cubierto de verídico veneno!
Tan saturnal, impuro el desenfreno,
melodía sin garbo, sugestión.

Negruzco efluvio de angosta tardanza:
lo hallé en tu interior, por confianza.
Nadie lo dudará, umbral del sepulcro,
mi terco caballito, bien perjuro.

Corcel de papel, de sublime presencia divina,
desnudo, pares médula amplia y febril que afilia:
incógnita de estrellas por sendero deletéreo.

Intenso abismo su estela tribal:
si relincha, corcel bautismal,
su férreo flanco, viví umbilical.

Caballito que loas a engendros incautos
del ocre atardecer en las lidias bruñidas,
en su diáfano dedo perdura exhausta
la impura la herida de llagas fruncidas:
turbados viviremos en biblias podridas.

Miré a los francos hombres afeitarse
con la navaja roma del alma suicida,
y en su reflejo, la estrella y el corcel:
curtido el caballito en todo rito cruel.

INTERLUDIO

LA TORMENTA

Ineludiblemente hermosa, gélida,
cruda efigie soberbia, empuja y cede.
Desnuda su reflejo, me quebranta,
huracán que desgarra la garganta,
primor de daga, me consumiría.

Reclinada deidad, que me engulles
el corazón: lo arranca a dentelladas.

Me acostaré contigo, si amanece
fingimos la antigua calumnia luctuosa.
Sí, arrancaré de tu estéril matriz, resplandece
mujer sin cama propia, sin trámites, ramera,
al siempre no nacido que gestas en la losa
de tu cuerpo, museo de otoñales placentas.

Te causaré dolor, inexorable,
mi piel se baña en sangre, que es la tuya,
me causarás dolor, inexorable:
vulnerable, me encarno en tu carne:
al adúltero el ojo se acostumbra.

Surcarás el anhelo bucanero,
con tu crueldad le robas el color
a mi lenta mirada de impostor
y saqueas mi carne a tu anzuelo.

Atraes sierva a vidas que serpean,
me acechan sexos idos con rumor

de torrente de cáliz de santo linaje,
lo desee en silencio, y me enfermas,
y provoco el desgarro de la flor
en tu sexo baldío, se desangra.

Devoré tus entrañas si exploras
la eterna llama sorda de salitre en el olvido.
Me dejas con tanto estrépito
como el que provoca el estallido
de los tendones de mi cuerpo:
recuerda que eres sastre
capaz de trazar esquemas
del mundo nuevo:
todos tus paisajes se parecen
como gotas de agua:
los árboles, montañas, servidumbre.

En camino y con rumbo a la ventura
perfecta del deseo sin careta,
exacta a la ondulante senda turbia
que nos embruja en tardes de franela.

ARPEGIOS EFÍMEROS

LUNA Y CARNE

I

Ebrio de abril, abrazarte, enardece.

Los senos sepia, lamí su aura:
fetiche, sugestiva me amparas nada cauta.
Del amante, ardor, allende
la mirada: en ardiente corriente
nos extiende.

Las olas, vienen, van, espuma
sin bulla: bruma a paso de puntillas:
ocultó a los amantes que perfuma,
los confunde, desnuda y rezuma.

¿El beso o el mero estrépito
de la piel sudorosa delito
cada jueves de estigma?

Altar de luna triste que nos sueña,
ritual de la memoria que condena
al delirio las rumbas de tus curvas.

Cala fundé, de arena dorada: dos tendidos
sobre un plácido cielo
sueñan alegres sirenas tan fatuos:
irrumaban ilusos el anhelo
que acrecienta condenas.

II

Ni fingirás, el placer
lo mamas a mi sombra de rapsoda:
dispar lujuria, usanza rota y viva
que ensarta a mi piel monda
ardiente, si aun hostil, gentil entraña.

Tu boca blanda, plena de delirio,
celeste amante, nada ambigua emboca,
rezuma de vehemencia pastoril.

Afable mariposa, libérate, inflamemos:
la senda plena, ardientes fuegos.
El labio sangra, la uña araña la piel a ruegos,
emerge jaspe, chorro encero entero,
convulsa dulce piel, furtivo enigma.

III

Inerte en ti, me sumerjo
claro y diáfano en tu esencia.
Esa brisa que agita la veleta
eriza tu blanca piel de gozo lento.
Lozana, qué mujer de magma, roce
tangible, perla sin cofre,
el susurro frágil, ola de tu ser.

Cálida fiebre, todo ocurre, fuelle
de acordeón, en secretas escalas.
Divina desfilas, de esperma selecta.
Cayó el telón tan rápido, tus nalgas palmeadas.
Anhelas que los días trasnochados,
efervescente embate de los sexos,
me agotes en alcobas de vicio ya pagadas
con el sudor de nuestros desposados
que arrinconan su sexo en cada verso,
aclaro en mordiente nuestra sangre.

IV

En un viernes de calvario, disfrazado
de remolino de jueves, pleno orgasmo,
cumplí que olvidé recordarnos
batallas que jamás existieron: atraje
al gato, grita pardo, vive en jaula,
en río roto se ahogó, abortado.

Orfebres del deseo nos tejimos
crisantemos en luna de adulterio.

VIRGEN NIÑA

I

Aquí se estanca el tiempo, el amante que fenece
sin saberlo reclama, lo sostiene
la vida, plagio de horas breves: hiel que niegue.

El nexo, lento, bruma de aprendiz
fonéticas legañas, sí, vestigios hila
a un lecho sin mañana, infundirá
plenilunio a su estéril matriz.

Del arrabal de quebrados espejos,
el rastro de sangre desate mi llanto:
fluye como caricias, ignoradas,
prolíficas, pasan de boca a miradas,
a la piel combativa, desidia en suspenso:
en óxido de atisbos sin fin exploré,
desprevenido, armaduras nocturnas.

II

El sexo me esculpe y te embriaga,
ninfa tierna y jugosa: devorabas
las miradas primigenias que iluminan
artimañas regadas del deseo
en lunas al margen, y ocultas
una placenta nulípara que arde, e imploró
lascivia firme en ondulante pulpa:

papel, tinta, piel y sangre.
El miedo descendió glacial, escénico,
ondula ríos de un limbo mutable,
fluyen en libertad, mes de febrero,
sendero del navío, placentero,
mi boca se deleita con el néctar de tus fluidos.

III

Jueves, ciudad desnuda que arde en llamas,
de sobra la conozco, sur de estepas,
recorro su interior de soberbia desbordante,
repleto de esquelas, veredas y engaños,
deserta el último beso de nítida
quietud a aquel galán ambulante y fugitivo.

Hoteles y estanques, el cielo nublado,
en piel tracé ese efímero crepúsculo
del sexo silente con pócimas íntimas
en calles de una mística raquítica:
se enredan las miradas
bajo ruedas de molino,
cuántas penas: susurro desgarrado.

IV

Me otorga buen flagelo en buen castigo,
luenga vírgula amplia, ingrato roto, sí, el rival:
en la tarde, el reloj de tu unión conyugal,
espada de Longinos en el flanco
de la cama de seda en los olivos,
te recuerda que retornes como Ulises
al lodazal de tu Ítaca de eclipses.
Débil la carne en los guijarros
si debe limpiar todos los escupitajos.

La vida, esa estafa duradera,
publicada en la carne tatuada,
nuestra espalda de cruces repleta.

Tu mirada condena y me obtura:
libérate de las raíces que te lastran,
si te arrastré a abismos que castran.

TEJEDORA DE COSMOS

I

De bruma y con misterio, apenas sé de ti.
Tú, tejedora del cosmos, creas,
al segundo, barquitos de papel,
al albur, en la mar infinita en las tardes eternas.

Navego sus infiernos acotados
con serpientes, locura inconformista,
entrañas blandas, pálidas, entré,
previo a tus ansias, y te amordacé.

Tu tierra, oasis a mi mar menguante.

II

De ti, total, lo ignoro. En cada lágrima
el viento del norte se mofa
del amor, enigma triste,
nos guía a la hecatombe, nos arredra.
Jovial mirada aquella, enfática, ebria,
ahora, sí, me ciega y me aniquila.

Olvida la extraña tristeza corriente.

Absorto, contemplo y arranco
aquella esquiva amapola:
la sumergí, rebosante de gozo.

Volveré entre tus sábanas, resuelto,
a su ardor, brindarán el aliento
a nuestra liviana carne.

Opaco espejo del hostal vocea,
a tu carne, las dagas de hiel, teatrales.

Tú, mi debilidad y gran flaqueza,
la que seca mi llanto
a tientas, desafiante, me resguardas

III

En el lazo sin lazo, en cautiverio,
esclavos de un hechizo inadvertido.
Melancólico bálsamo, turbio delito,
artero ornato del mal hechicero:
nos carcome el gemido en su tormento.

El barman nos observa,
maestro de los cócteles, mal bufonada,
profesionalidad en su calva de ginebra,
en esta orgía libre y desbocada.

De olivos esculpí, del cuchillo, tu cariz:
mi mano en el escote te convierte
en Greco de pinceles baratos, luz errante.
Ocultos en umbrías, desnudos, nos donamos
al delirio del amor que nos consume.

De ordinario, sopló el viento,
me alcanzó y como el buen juez,
desplegó, elemental, su cadalso.

IV

Adiós, te dije. Nada sé de ti. Agotados.
¿Vendaje absurdo? Nunca fui brillante amante.
Si tu amor me olvidare y sentenciare
y me condenare a la eternidad,
mi amor de la última alba a ti te cumpla.
Jamás en la urbe ni en su fuego.
Los hombres de verdad recrean la aridez
de las sábanas en sangre conyugal,
con el semen libresco de su sombra.

ARPEGIOS DE BOHEMIA

I

Febril, abril modula el vuelo albor a tu limbo
de áureo seno, y acoge eterno, mi nimbo.
Tu muslo de marfil mi raíz lo acaricia
en bucólico trance, la alborada presencia:
diáfano susurro, su ilógico eco,
el tronco erguido, crecen mis ramas en deseo:
lo elemental desgarro en el infierno,
la rosa sin espinas: laúd de cuerno tierno.

Lo acaricias, avivas el rubí abrasador–
palma que excita, guía
letal, febril, ingrávida, exquisita–
mi ombligo a tu ombligo se enlaza,
susurro de temblor y deseo de alabanza,
la diva adictiva me alimenta:
sacramento expoliado a la tormenta.

Bohemia, amaneciera en recónditos resquicios,
baña a mi oscura lástima, la aplaca
En el calor del jueves, buen oficio,
acumulo sosiego, me serena tu danza.

II

En un crepúsculo nupcial y gótico
la sangre eterna de la copla fluye,
frugal el sexo, asaz exótico:
siembra besos nupciales con ardor:
fragua del tiempo, de la brisa en flor.

Aré tu mar, infiel zarpé a mi ciego cielo,
al sur y probaré tu miel, jazmín sincero.
El suave vendaval de nieve dura
carboniza la vida en su ardiente pavura,
me vendes crudo y alumbro sin querer,
al ángel que consume el sufrir de renacer.

III

Nuestro pérfido juego, polvo de hadas,
lo cumplimos cabales a plenas dentadas,
sumidos entre sábanas, cuna de Cupido:
nos condujo allí arteria estrecha abierta infinita,
colmada en baches: clamas con pericia,
el fruto niegas, tarde de ambar, mil cadencias,
tu ego en flor, más yermo el claro florido.

Cuánta penumbra en sus gemidos halla,
con lengua comba, a golpe de su vara

seduce y aturde griego al ser,
de indulgente gramática y ardiente la piel:
elástica esa droga, altera sonrisa leve,
vio y extravió en burdeles, su alta fiebre,
en mares opulentos de hiel y corceles:
viejo el perro, de ojo sabio y luz serena,
en cada perverso chaflán disfrazada,
vigila nuestra vida en fiel condena,
el desnudo tobillo nos muerde:
amor furtivo, a los olivos, adyacente.

IV

Ciudad de incendios, ambos, nuestro abismo,
soldados del caos, adornos de alivio
en suspiro ante gritos con la lluvia danzante,
la inocencia guerrera del sexo incitante
trincheras del ying y yang,
fornicio en delirio, acogidas de afán.

La amé jocoso, la amo en utopía,
flamígero manto, mujer Buterflay se erigía
si orquestaba magnolias de anarquía:
vals de pasión, un canto de agonía.

COITOS DE ESTRICNINA

Silente noche, abrazo en abadía
la voz, y el eco, rauda se desliza,
vigía activa, quieta en su estadía.

El suave tiro en agua cristalina;
lo bebo, un verso lleno de veneno
completa egregio el crimen acogedor:
pendí en sus ramas, pleno tu deseo.

Sus ebrios ojos trazan sumideros,
de manos suaves, piel de aserradero.

Los dedos son, un cielo y un escalpelo,
la sombra danza al rumbo burladero.
Su voz de lira humecta mi pupila,
me agita y afila, arterias de rosquilla.

Su carne fría, loba de estricnina,
absorbe el mundo, hastiada del jurista.
Lamentos de penumbra, susurros del olvido
oran espinas distraídas de estéril, el vientre,
saturado de caricias desprovistas de nostalgia:
secuestrada en el hueco de mi pecho derecho.

Con rejas y pantanos tracé su sendero,
la gacela asustada aguarda, escucha,
contemplo a la niña que no nacerá
en su cuna de espuma de mar plateado.

Qué promesas creó en güisqui de malta,
cantor enmascarado adormilara
la existencia, en un copo de nieve.

En cruz de Cristo, boca suave, insaciable
me clavó, desde la palma
de su mano hasta el umbral de su pie,
el perpetuo solsticio invernal,
exploró con avidez del sexo, mis canas.

Agotamos los cálices de estricnina
buscando alcanzar cumbres y aplacar
nuestra sed en los encuentros de alambre.

Los verdaderos hombres visten
su carne, con el manto de la sangre.

ÉXTASIS EFÍMERO

De piel, fatiga, ¿a qué quimera etérea
de metal primitivo converge?
De felina mejilla, frágil crónica:
luciérnaga servil, mentira hipnótica,
huésped lívido, emerge
exquisito, el abrazo, siempre mutuo.

La senda al cielo, huella humilde, sola
fluye, oculta, visible, la inquietud
del púber en la esquina más satánica,
furtiva fábula alba, luna y sal.

El amor: mísero al sol, lento
mar de berilo, lo surco ungido,
iré de tul, vestido oblicuo:
a cambio dono un verso crudo
al sabor en la boca alcohólico,
me preña el mar, desnudo de mi feudo,
persuasor, a babor de silencio.

Destella el mar, navego: aquí, Quijote, evoco
cómo adoctriné olas al sosiego.
Mutilé al corazón, bebí su augurio,
repleto el labio, credo antiguo, astral,
de negra sangre, inerme idioma, acial.

Te encantó ácrata obviarme de olivos
floridos, y a los niños mutilo furtivo.
Conmigo ven a armar la lírica, aúllo lirios.

Construiremos los versos secuestrados,
sembraremos los lirios cercenados.
¿Cuánto será el poema, un verso arduo, y el asco oculto,
un verso helado que azota al revés,
espino el verso del perverso niño?
¡Ay!, despejé la costra, su reverso.

Amor de niebla, erige mil andamios rotos
y marca travesías, posadas sin lodos,
al más allá del cuerpo de abalorios,
que fomentó la cruel caricatura
de la última caricia a la doncella virginal,
si seca la boca y atropella
al enemigo armado de epopeyas.

Amor, de amar, callemos: adiestremos.
Lo diré sin piedad: bebí del néctar
embriagador de tus labios espesos;
pletórico en tus jugos diabólicos eternos,
entre los credos, canto, sin pausar,
busqué el incendio en cueros de ebrios cuerpos nuestros.

Grito si anhelo tus senos,
en obsceno suplicio, chuparlos, vaciarlos.
Declaro, con voz envolvente
y erótica, amplio y elegante susurro,
licuar un verso estrellado,
en el estrado, brindo ufano, y espeso
con leche estéril, agria, ensañamiento
que de tus senos fluye, lo supuran.

Me mofaré de versos detestables,
que a mis cabellos mees, flagelantes.
A mis caricias vayas y compares,
solo preciso el ágape telúrico.
Todo es posible en mundos de crepúsculo,
si una mujer de neón me robó
el tiempo intacto inmóvil, recto, y fluye trino.

De inclinadas paredes, acogió la fluvial
habitación furtiva bacanal:
ramas de olivos cuelgan virginales,
el exceso de cuerpos genitales,
las horas que vivimos a destajo,
soplamos la ceniza de los rastros.

Al suceder el fin, la anochecida,
retornamos discretos al estigma.
Construiré de tu cuerpo proyectiles
que tracen el curso imposible
del Duero en nuestro cielo breve y suave brisa;
y el del Pisuerga, río telonero.

INTERLUDIO II

VELOZ CREPÚSCULO

En una tarde gris, deviene argenta tonta vida
de amables seres secos, la transitan
sus miradas volcánicas, lanzan su furia,
las lenguas rojas, química saliva,
lenguas que acogen azares vivos,
rompen la maraña geológica
del amor y traspasan a la muerte, se hielan
observan lesa esquina, antiguo, egregio barrio,
todo es penuria y besos que aletean
y las huestes desvelan,
que extenúa a los cuerpos que la sangre vomita,
se clavan en los ojos, y si miran
lo que fue el amor que arde más allá de la muerte,
la luz acelera su inútil mirar,
acelera las fuentes, acelera
los dramas, acelera los extraños
colores de la noche, acelera las huidas
de tantos giros, locas las veletas, acelera
la obediencia acelera el adiós que bebiera
abstracto y descarnado, ya acelera
la imagen que brilló, feliz refleja
y acelera canalla los instantes triviales
que aceleran por siempre otoñales
el aire roto, gélido, octubre que acelera
amiga y me abandones, repudiado
en el aire de ancianas volanderas:
el sol, tan radiante, nos ciega,
aleja a mi voz de tus treguas,
me lanza su coz veloz,

su hoz cortó mi cuello,
en su amplio, rápido croar, tan rápido,
con su croar tan feroz
que se vuelve altavoz
de sapos con su ardor,
del amor feroz: lanza más allá de la muerte,
del amor legal: traza más acá de la muerte:
sentí a mi vida tuerta, depreciada,
de tu vida me excluyes, aborreces.

Los hombres con franqueza se disponen
a verter el azar del cubilete
en cada naipe, al verde del tapete.

ÉXODO A LA NIEBLA

Los parásitos viven de almohadas nupciales,
espumosas estrellas oníricas,
un río, un lago, un mar umbilical,
legiones rubicundas, hechiceras.

Un mechón olvidado, el abismo.

Dividido y cobarde, un lumínico dios
pretende que la noche se deforme
persistente en el mundo de fístula y cruz.

Sangre, nuestro brebaje de ataúd.

La muerte se refleja en la estrella policial
que titila con brillo cristalino, opalino.

El mal de amor promiscuo pierde indigno
entre el salitre y el olvido, al amor virginal,
en los raíles vacíos descarrila,
en los mares que se invierten.

La fina y larga anima, recio y estriado riesgo,
la bala la introduce en su gorjeo.
Traigo el sol a la tierra,
es fácil: si resguardo en mi bloqueo
la sonrisa nacarada de tus dientes.

Detente, o poblarás de dinamita
al juglar que dormita en tu camita,

si armada anuncias cónyuge de buena guía
que siempre siempre listo lo analiza,
y percute sencillo con su labia.

Ineludible, muerdo tu encimera,
lamo tu abuhardillado ombligo oblongo,
resaca de tu sexo persiguiera,
derramaré profunda la quimera
dorada como el vino de Ribera,
lo limpia el escudero, si mohoso,
con sus manos de heredero:
todos aquellos días sin medida
muestran en un zoo su desdicha,
exhiben, portentos sin brillo,
su lustre pierde al cielo, luz herida,
si procesiona, atónito, a la druida,
en la cálida nieve derretida,
convoca mi condena, desmedida:
fabricará el sinónimo, excluida
la literal ciudad del acertijo
o su incendio: congela los delirios
de nuestro embate, bien enardecidos.

Lo supe al redimirme, todo silba
al diluirse en los brazos de Morfeo.

TIBIOS RESCOLDOS

LOS SILENCIOS DEL FUEGO

Regresas al jergón de tu casa campesina,
donde la sonrisa de tu amada se diluye,
al cuarto circundado de ardiente chimenea,
prolongas en el humo el contento que fluye.

En tus labios reposa la cachimba,
la fumas, con sosiego, en aire impávido,
y al poso de la ausencia me desliza
tu calada, al rincón desamparado
de esta cloaca, el lugar indicado
a la escoria, el hastío: soledad.

Entrevisto en olivas de tabaco,
tu presencia se funde con la bruma,
en la urbe inventarás el laberinto
renegrido de amores confundidos
que mi sexo requiere avivar.

Al despuntar el alba partirás
rumbo a las cimas, me ubico en ciudades
fusiladas de asfalto: me entregaste
rectangular al rostro de fractura.
Mientras la buscas, la paz en la cumbre,
yo naufragué en el bullicio de la urbe.

Que encumbraras agallas y adoquines
y buscáramos playas tropicales
debajo del asfalto; te defines
en ascenso a las cimas de cellisca;

petulancia de pipa, fraguas, virgen:
disfrutas la verdad de la consorte,
y olvidas el pitillo de vorágine.

A mansalva morí, al anochecer,
en el páramo, en estatua que maldigas
a la pírrica amante de entremés
que esperaba en olivos a su ruina,
si caía la noche y su nevisca.

Disfrazas tus mentiras de infinito:
has besado glacial mi carne ardiente,
guerrero que reposa clandestino
en caricias con áspero merengue,
marcial me clavarás en artificios,
ilusiones monásticas me sequen.

En lentitud, devoras mi materia:
escupirás mis huesos en el cieno,
escupirás mi carne en el esputo,
lo escupirás a suelos de excrecencia:
deambularemos solos en el tiempo.

Avanzará tu vida en espiral,
en volutas del humo seminal,
acomodada tu alma a lo abismal.
No sabré borrar la nieve,
que barre airosa tu amada y desnieve.

ÚLTIMAS VOLUNTADES

Primor de magia, naces lacia, letal, astral
bello animal sedado, señero, más carnal,
parir sublime, vivo, prestigio natural.

Del río, el rayo, salva sin prisa, lo inauguras
de azahar, el profundo mundo alfombras
de tu viento de fieltro, asentabas sin frustras,
luminiscencia leve que amapolas
en el cielo en candor, de barcarolas.

La fortuna me envuelve en lexías que acotan
aullidos que anuncian, la vida ya brota:
arriba, arriba, arriba, dondiego, bendecir,
en el suelo retozas, bisoño y febril.

Hazme el favor, detente: mas ya creces,
desfilas, maniquí a la muerte, no pereces,
cruje la infancia a paso de verbena,
la vida se abre paso, férvida, amplia y plena.

Mojé lindezas, niños de nata, querubines,
mi patria, la intemperie, ponderosa, definió
la infancia, fiambre raro, cómico, aire vivo,
se extiende en donosura, pospuesta se concibe:
candor, virtud sinfónica, persiste en folletines.

Efímero crepúsculo cae en rocío
a vana flor, inocua, pierde frágil brío,

rastreo fugitivo franqueza y fingí
con venus conversar jaculatorio.
Qué angelical candidez, en un tris, la cochambre:
guirnalda de la vieja venus, yazgo en cama
con grotesco silencio cobarde,
efímera la bruma, el dislate se inflama.

Desnuda, así te quiero, te manejo,
esparces de tu piel, lo que festejo,
el garbo conciso, sin miedo,
el espigar temprano en que me quedo.

Un dios te desprendió meditabunda
de mi carne a la aurora, en murmullos
de piedra, para un pasmo que me encarne
río lento de olvido frío: embriagues.

La alejada salida de emergencia
refugia adioses, tuyos, y el vaivén, languideciera.
Jamás cumplí los seis, nací en la lenta estela,
cuchillo en frenesí, un octubre sin cautela.

Nazco al mundo, cosido al dobladillo,
no me importa morir, la risa estalla:
me hirieran días, dientes y palabras,
si lamo el sí, o lamí el «quizá» del doble filo.

UMBRAL

A T.S. Eliot

El campanario anuncia nuestra aurora.
La tierra se ha cubierto de sueños torcidos.
En la noche, el insomnio y su demora
soplan, soplan, como el lobo aquel de ruidos:
no hay mansedumbre, derriban príncipes,
esparcen ruinas, más allá de límites.

Llegó la noche, el viento me libera,
un viento, espíritu ebrio e indómito,
se expande suave, llena así, a mi bestia.

En la noche, se escinde el sentido, pena
un sueño, que emerge repleto de augurios.

ÍNDICE

ALQUIMIA DE ABISMOS

INTERLUDIO

ARPEGIOS EFÍMEROS

INTERLUDIO II

TIBIOS RESCOLDOS